La conservation

DES ALIMENTS

LES BONS GESTES POUR CONSERVER...

... et moins gaspiller

Nous sommes tous désireux de ne pas gaspiller la nourriture. Cependant, nos modes de vie contemporains ne favorisent pas nécessairement cette intention.
En effet, il est fréquent de jeter des salades, des légumes, des fruits que nous avons laissés s'abîmer, souvent faute de disposer du temps nécessaire pour les préparer et pour les consommer.
Une invitation à dîner de dernière minute, une période d'urgence au travail qui demande de rester au bureau et de commander ses repas, une sortie imprévue sont des événements qui surviennent fréquemment et conduisent à la situation où il faut jeter ce que l'on a acheté.

Et si certains gestes, certains conseils, vous aidaient à conserver plus longtemps vos produits frais ? Et si vous aviez quelques informations sur le sens qu'il faut donner aux délais de conservation indiqués sur les emballages ?
Découvrez ici comment vous diriger vers une meilleure gestion de la conservation des aliments et les différentes méthodes qui existent, pour vous permettre de mieux gérer vos stocks grâce à des habitudes toutes simples.

Préserver la fraîcheur des *fruits* et des *légumes*

LES LÉGUMES-FEUILLES

Les légumes-feuilles sont ceux, comme leur nom l'indique, qui se présentent sous forme de feuilles. Celles-ci sont comestibles et peuvent être consommées crues ou cuites. Elles sont peu caloriques, riches en fibres, en fer, et en acide folique. Il s'agit par exemple de légumes comme la **salade**, les **épinards**, les **blettes**, les **asperges**, l'**oseille**, le **céleri-branche**, le **chou**, les **herbes aromatiques**. Rien d'étonnant, vu leur intérêt nutritionnel et leur faible apport calorique, que ces aliments remplissent vos frigidaires !

Cependant, il vous arrive de les jeter. La fréquence de ce gaspillage est variable selon les foyers, mais elle concerne une très large partie de la population.
En effet, une salade bien fraîche peut se flétrir rapidement, il en va de même pour les blettes, la ciboulette, la menthe, la coriandre.

MÉTHODE

Voici comment procéder pour conserver les légumes-feuilles :

1. Dès que vous avez acheté votre légume, par exemple une salade, lavez-le dans trois bains afin de chasser toute trace de pesticide. Après les deux premiers bains, rincez à l'**eau froide**. Dans le troisième bain, insérez un peu de **vinaigre** blanc et laissez tremper environ 10 minutes.

2. Sans rincer, essorez soigneusement et séchez délicatement dans un tissu propre.

3. Placez les feuilles dans une boîte hermétique et mettez cette dernière au réfrigérateur. Il en va de même pour le chou kale, que vous pouvez congeler après l'avoir lavé.

Ce geste peut paraître un peu surprenant, mais il permet même de faire ressortir la douceur des feuilles !

AVANTAGES DE CETTE MÉTHODE

Le premier avantage, outre la conservation, tient au caractère prêt à l'emploi de votre légume-feuille. Bien souvent, en cas de gaspillage, la fatigue et le surmenage entrent en ligne de compte. On n'a pas le courage de manger de la salade, du chou ou des épinards, parce qu'il faut d'abord les préparer. Si le travail est fait au moment où on range ses courses, d'une part il semble moins pesant, et d'autre part, il permet d'avoir un repas presque prêt, et débarrassé de ce qui peut nous faire renoncer à le préparer après une journée bien remplie. Il suffit de sortir la salade de sa boîte, de l'agrémenter d'un peu d'huile d'olive et de sel si on n'a pas le courage de préparer une vinaigrette, et le tour est joué !

Le deuxième avantage réside dans l'allongement du temps de conservation. En effet, un légume-feuille laissé dans son sachet de supermarché et placé tel quel au frigidaire peut parfois se flétrir au bout de 1 ou 2 jours seulement. Si vous oubliez de les ranger au frais, 24 heures peuvent suffire pour que les produits soient abîmés.

En procédant directement au lavage méticuleux, à l'essorage et au séchage des légumes-feuilles, vous pouvez conserver ces derniers beaucoup plus longtemps.
Par exemple, la salade peut être gardée 7 jours et rester fraîche ! Idem pour les herbes aromatiques sensibles comme la menthe, la coriandre, la sauge ou la ciboulette.
Cette méthode vaut pour tous les légumes-feuilles, sauf les asperges, qui se conservent seulement 3 jours au frais dans un linge humide. L'idéal est de les consommer le jour même, ou le lendemain : vous profiterez ainsi pleinement de leur saveur.

Astuce : lorsque votre salade est flapie dès votre retour à la maison, plongez-la dans un saladier plein d'eau froide avec un peu de sucre. Laissez-la tremper pendant 1 heure et elle retrouvera sa forme première et l'aspect croquant qui vous avaient plu lorsque vous avez fait vos achats.

LES AGRUMES

Les agrumes pourrissent vite. Contrairement à ce que l'on pourrait penser, il ne faut surtout pas les ranger dans le bac à légumes du réfrigérateur. En effet, vous avez sans doute remarqué que ces fruits poussent au soleil (dans le Midi, en Italie, en Espagne, au Portugal, en Grèce, en Amérique du Sud...).

Par conséquent, ils ne sont pas adaptés au froid. Les mettre au frigidaire a donc pour effet d'exacerber leur amertume.

MÉTHODE

Voici quelques conseils pour conserver les agrumes :

- Rangez-les sur un comptoir à l'**air libre**, tout simplement, en évitant de les laisser dans un endroit humide.
- Veillez à les **sortir de l'éventuel sac utilisé** pour les acheter. Étant pleins d'eau, ils pourriraient rapidement en étant ainsi confinés.
- Évitez aussi de les serrer. Essayez de les **répartir** en laissant une petite distance entre chaque fruit. Vous pouvez utiliser leur beauté et leur couleur pour décorer votre table, votre comptoir, votre table, et même, pourquoi pas, votre bureau. Vous ferez ainsi d'une pierre deux coups : vous trouverez une place originale pour y ranger vos fruits et vous décorerez votre intérieur avec une touche de peps et d'ambiance impressionniste.
- S'ils vous semblent à la fois durcis et rabougris, vous pouvez encore les **utiliser pour faire des jus**, des citronnades, des limonades, des orangeades, ou vous pouvez les découper en quartier et les plonger dans une carafe d'eau. Leur forte teneur en sucre donnera un goût sucré et acidulé à l'eau fraîche.

Astuce : ne rangez pas vos agrumes à côté des autres fruits ou légumes. Le contact entre les agrumes et les autres aliments accélère le pourrissement général.

LES FRUITS ROUGES

Les fruits rouges sont de petites baies comestibles, colorées et sucrées, comme la fraise, la framboise, le cassis, la myrtille, la groseille, la cerise, l'airelle, le bleuet, ou la mûre. Ils sont gorgés d'antioxydants, et donc très bons pour la santé.
Ils ont une durée d'apparition limitée et poussent abondamment. De plus, ils s'abîment très vite et doivent être consommés dans les 3 jours. Ils ne poussent pas naturellement l'hiver, mais on peut avoir envie d'en conserver quelques-uns pour en profiter tout au long de l'année.

MÉTHODE

Voici un conseil pour conserver les fruits rouges :
le plus simple, le plus sûr et le plus efficace pour conserver les fruits rouges sans les cuisiner reste la **congélation**. Lavez-les, placez-les sur une plaque au congélateur, et une fois qu'ils sont congelés, rangez-les dans de petits sacs de congélation. Ils garderont ainsi leur jolie forme et ne seront pas écrasés les uns contre les autres. Plusieurs mois après, vous pourrez les sortir du congélateur pour en faire une délicieuse tarte ou un cheesecake, qui vous rappelleront les plaisirs de l'été et vous aideront à patienter avant le retour du soleil.

LES AUTRES FRUITS

L'idéal est de les conserver à **température ambiante**, et non dans le frigidaire.
Les pommes et les poires se gardent longtemps dans une cave, où l'air est humide et frais et où la lumière filtre peu. De manière générale, essayez de conserver vos fruits à l'**ombre**. La lumière, ou l'exposition directe au soleil comme c'est le cas près d'une fenêtre, par exemple, accélère le murissement des fruits.
Tous les fruits peuvent être **congelés**, à condition d'être préalablement lavés, épluchés et coupés.

Conserver...

LA VIANDE ET LES CHARCUTERIES

- La viande fraîche se conserve **3 jours** au frigidaire. Laissez-la dans son emballage d'origine.
- Ne congelez jamais de viande hachée par vous-même (si vous voulez de la viande hachée congelée, achetez-la déjà sous cette forme et transportez-la dans un sac isotherme). En effet, des bactéries risqueraient de se développer qui pourraient nuire gravement à votre santé.
- La charcuterie en tranches doit être conservée au frigidaire à une température qui ne dépasse pas **4 °C**. La charcuterie entière peut être gardée soit au frigidaire, soit dans un endroit frais et peu humide (à environ 15 °C). Ne dépassez pas la date de péremption.

LE POISSON ET LES FRUITS DE MER

- Il est recommandé de consommer les fruits de mer le jour où ils sont achetés. Vérifiez qu'ils sont placés sur de la glace lorsque vous les achetez, transportez-les dans un sac isotherme où vous aurez placé des blocs réfrigérés et rangez-les immédiatement au frigidaire lorsque vous rentrez. Votre trajet ne doit pas dépasser 30 minutes.
- Si les **coquillages crus** (moules, palourdes, etc.) sont ouverts, ne les mangez pas. Si leur odeur vous rebute, c'est qu'ils ne sont plus aptes à être dégustés.
- Le **poisson** doit également être consommé très rapidement. N'attendez pas plus de **2 jours**. Un poisson qui n'est pas frais est un aliment qui peut vous rendre malade.

LES PÂTES ET LE RIZ

- Ces aliments se conservent longtemps. Après ouverture du paquet, assurez-vous de pouvoir les garder dans un **contenant hermétiquement fermé**. Rangez-les dans un endroit dépourvu d'humidité.
- Les céréales se conservent plusieurs mois si elles sont fermées hermétiquement. Vous pouvez à cet effet utiliser des **bocaux** avec une fermeture idoine.

Autres méthodes *home made*

LE SÉCHAGE

Les légumes graines pourront être rangés après séchage. Il suffit de les disposer sur des plateaux ou des surfaces planes pendant 1 semaine environ. Les haricots, une fois séchés, devront être congelés trois ou quatre jours pour les protéger des vers.

LA DÉSHYDRATATION

Elle permet de conserver longtemps les légumes fruits, les herbes aromatiques et les fruits. Sachez que ces derniers, si vous ne souhaitez pas les déshydrater, supportent très bien la congélation, en particulier les fruits rouges.

LA LACTO-FERMENTATION

Malgré son nom, cette méthode de conservation n'a pas de rapport avec le lait. Cette appellation s'explique par le fait que les bactéries lactiques conservent les légumes en empêchant la prolifération d'autres bactéries qui sont néfastes et rendent leur consommation impossible. Ce processus est rendu possible par la cuisson des légumes dans l'eau salée. Cette méthode est utilisée pour préparer la choucroute, par exemple. Elle est très intéressante pour la santé, puisqu'elle vous permet de prendre soin de votre flore intestinale et assure une grande concentration des nutriments présents dans les légumes. En outre, le temps de conservation proposé par la méthode de lacto-fermentation est de plusieurs mois.

LES LÉGUMES-RACINES & LES BULBES

Quel dommage de voir des **carottes** devenir rabougries 1 semaine après qu'elles ont été achetées au supermarché ! Et que dire des **poireaux**, des **pommes de terre**, et autres légumes-racines comme le **panais**, le **céleri**, la **betterave**, le **chourave**, le **rutabaga**, l'**oignon**, l'**ail**, le **gingembre**... Les légumes-racines se développent dans la terre. C'est cette partie-là qui est consommée. Voilà pourquoi ils portent ce nom. Ils sont pleins de fibres et de vitamines, et peuvent se conserver pendant des mois ! Cependant, dans un appartement ou dans une maison, quand ils sont rangés dans la cuisine, ils ont tendance à s'abîmer rapidement. Ce phénomène est dû à la chaleur, à la sécheresse éventuelle de la pièce (chauffer son logement, ce qui est bien normal, provoque un assèchement de l'air), et à l'exposition à la lumière.

MÉTHODE

Voici quelques conseils pour conserver les légumes-racines et les bulbes :

- Pour pouvoir conserver leur fraîcheur pendant des mois, les légumes racines doivent être rangés dans un endroit frais, humide et sombre. L'idéal est donc une **cave** ou un **grenier**. L'idée ne nous vient jamais, en rentrant du supermarché, d'aller stocker pommes de terre, carottes, poireaux et potimarrons à la cave ! Pourtant, c'est le meilleur réflexe possible pour les garder longtemps. Vous pouvez prévoir à cet effet une cagette ou plusieurs cagettes à l'entrée de la cave et près de la porte, de façon à pouvoir accéder très facilement à vos légumes, et les ranger à cet endroit. Ainsi, les ranger et aller les chercher vous semblera tout simple.

- Si vous avez un **petit balcon** (même minuscule), vous pouvez prévoir une sorte de coffre isolé de la pluie pour y ranger vos légumes-racines durant l'hiver ; ils seront au frais, dans une atmosphère humide et à l'abri de la lumière. Tout ce dont ils ont besoin pour rester frais et pleins de nutriments !

- Notons que cette astuce ne fonctionne pas pour les radis, qui font partie, eux aussi, de la famille des légumes-racines. Ils ne se gardent pas plus de 5 jours, quoi que l'on fasse. L'idéal pour ne pas qu'ils s'abîment encore plus vite est de les placer dans le **bac à légumes** de votre réfrigérateur.

- Les bulbes (oignon, ail, échalote) se conservent au sec. Ne les stockez donc pas dans le coffre à légumes placé sur votre balcon. Un **grenier** ou une pièce sombre et sèche feront parfaitement l'affaire.

Astuce : ranger les pommes avec les pommes de terre permet de conserver ces dernières plus longtemps !
Pour les citadins qui ne possèdent ni cave, ni grenier, ni balcon, il vous suffit de ranger vos légumes racines dans le bac à légumes de votre réfrigérateur.

LES LÉGUMES-FRUITS

Il s'agit des légumes dont on consomme le fruit, comme l'**avocat**, la **tomate**, la **citrouille**, l'**aubergine**, la **courge**, le **piment**, la **courgette**, le **haricot vert**, le **potimarron**, le **concombre**...
Ils sont consommés en tant que légumes, mais les botanistes les classent parmi les fruits. Ils sont riches en antioxydants, en fibres, en minéraux, en vitamines. Souvent très frais, ils semblent avoir une durée de vie assez courte une fois qu'ils sont mûrs, sauf pour la courge, le piment et le potimarron qui peuvent attendre plusieurs mois avant d'être consommés.

MÉTHODE

Voici quelques conseils pour conserver les légumes-fruits :

- **Les tomates** ne doivent pas être placées au frigidaire, contrairement à ce que l'on pourrait penser spontanément. N'arrachez pas leur pédoncule, rangez-les loin d'une exposition directe à la lumière, et à distance des pommes, des avocats et des bananes, dont la proximité pleine d'imperceptibles gaz accélère la déconfiture des tomates.

- **Les concombres** doivent être mangés rapidement. Si c'est impossible, lavez-les, coupez-les, et mettez-les dans des boîtes fermées hermétiquement, où vous aurez placé du papier essuie-tout afin que ce dernier absorbe l'humidité. Vous pourrez ainsi attendre plusieurs jours avant de les manger.

- **Les haricots verts** se conservent à peine 5 jours au réfrigérateur. Cependant, ils supportent très bien la congélation et peuvent être gardés pendant 12 mois ! Pensez à bien les écosser avant de les congeler. Ils seront plus faciles à préparer ensuite.

- **Les courgettes** étant également pleines d'eau, elles pourrissent rapidement. Elles se conservent mieux si vous les placez dans un endroit frais, humide et à l'abri de la lumière, comme dans une cave. Faute de disposer d'un tel espace, rangez-les dans le bac à légumes de votre réfrigérateur !

- En revanche, **la courge**, le potimarron ou la citrouille ne doivent pas être placées à la cave. Les ranger dans votre cuisine, sans les mettre au frais, vous permettra de les conserver pendant plusieurs mois. La température idéale pour leur conservation se situe autour de 18 °C.

Conserver les œufs et les produits laitiers

LES ŒUFS

Les œufs se conservent environ **28 jours**. Vous pouvez les placer au frais ou à température ambiante, dans un endroit frais et protégé de la lumière.
Si la date de ponte est récente, vous pouvez les consommer crus (dans une tarte au citron), à la coque ou au plat. Plus ...ent et plus vous vous approchez du vingt-... après le jour de ponte, plus vous apprécierez ...lurs : ils seront meilleurs.

Astuce : pour savoir si un œuf est frais, placez-le dans un verre d'eau suffisamment large pour qu'il puisse couler. S'il coule, il est frais. S'il flotte, ne le consommez pas.

LES YAOURTS

Les yaourts (mais pas les desserts lactés) peuvent être consommés pendant quelques jours après la date de péremption. Par prudence, veillez cependant à ne pas dépasser **1 semaine** après la date fixée par le producteur. Toutefois, si le produit vous paraît suspect, abstenez-vous de le manger. Cette règle n'est pas valable pour les desserts lactés, pour lesquels il est important de respecter la date limite fixée pour la consommation.
Ils se conservent bien sûr au réfrigérateur.
Pour les yaourts faits maison, vous pouvez les conserver dans un récipient hermétique, dans un réfrigérateur inférieur à 4 °C, jusqu'à 2 semaines.

LES FROMAGES

Avez-vous déjà vu, ou plutôt senti, une cage à fromage à l'entrée d'un appartement ? Certains adoptent ce réflexe saugrenu, au grand dam de leurs voisins. Comme vos narines vous l'auront indiqué, c'est une mauvaise idée.
Cessez de vous imposer le spectacle d'un camembert qui s'abandonne sur son plateau. Rangez vos fromages au réfrigérateur recouverts de papier sulfurisé pour éviter qu'ils ne s'assèchent, et vous pourrez les conserver plusieurs semaines !

- Les **fromages à pâte molle** sont périmés lorsque leur odeur devient trop forte, qu'ils présentent un aspect jaunâtre et que leur croûte se craquelle.
- En revanche, que la moisissure des **fromages à pâte dure** ne vous effraie pas ! Coupez la partie avariée et gardez le reste !

LE LAIT

Une fois la bouteille de **lait pasteurisé** ouverte, consommez ce dernier au maximum pendant 7 jours après l'ouverture et rangez-le au réfrigérateur.
Pour le **lait non pasteurisé**, fiez-vous à la date de péremption.

mercileslivres

Direction de publication : Didier Ballot

www.mercileslivres.com

Iconographie : © Shutterstock

Conception de la collection : // agence éditoriale blueMatcha
Directrice éditoriale : Marie Roussos
Éditrice : Zoé Legrand
Création graphique et mise en page : Hermine Blanquart
Fabriqué par Typo'Libris

5,95 € prix France TTC
ISBN : 978-2-38355-211-6
9 782383 552116
Imprimé en UE